!!
POOF

Von Traurigkeit

Gefühle

bis Freude

Wie fühlst du dich?

Wie fühlst du dich heute? Als du noch ganz klein warst, konntest du nur ausdrücken, ob es dir gut oder schlecht ging. Darum hast du geweint, wenn du Hunger hattest oder dir dein Bauch weh getan hat. Nun bist du groß und du weinst nicht mehr, wenn du hungrig bist, weil du gelernt hast, dass man dieses Hungergefühl mit Essen vertreiben kann.

Und während du weiter wächst, wirst du noch eine Menge über Gefühle erfahren, weil das Älterwerden wie ein großes Abenteuer ist, wo du immer wieder neue Dinge dazulernen wirst.

Das Gefühl der ersten Liebe

Kannst du dich noch an die Zeit in Mamas Bauch erinnern? Bestimmt hast du schon die Liebe deiner Eltern spüren können, selbst wenn sie dich noch gar nicht gesehen hatten. Liebe ist so groß und mächtig, dass es dafür keine Grenzen gibt. Liebe ist viel größer als ein Haus oder als das Meer ... Liebe ist selbst größer als das ganze Weltall.

Es gibt viele Arten, jemanden lieb zu haben. Du liebst deine Eltern anders als deine Freunde und deine Liebe zu einer Katze oder einer Blume ist nicht die gleiche wie die Liebe zu deiner Oma oder deinem Opa.

Angstgefühle

Es ist Nacht, deine Eltern sind zu Bett gegangen und du bist allein in deinem Zimmer. Es ist ganz dunkel und draußen kannst du das Gewitter hören. Kabooooom! Du fürchtest dich. Oder vielleicht hattest du einen Albtraum? Steh am besten auf und mach das Licht an. So, mit Licht ist alles gleich viel besser, oder?

Wir können uns vor so vielen Sachen fürchten, aber das sollte dir keine Angst machen. Ängste, die du heute hast, verschwinden, wenn du größer bist. Und sie kommen auch niemals wieder.

Wir vermissen dich!

Hast du dich schon einmal verlaufen? Du fühlst dich allein und verloren. Niemanden kennst du und deine Eltern kannst du auch nicht sehen. Das ist schlimm! Aber selbst in solch einer Situation musst du wissen, dass deine Eltern dich nicht vergessen haben und gerade im selben Moment nach dir suchen. Und du wirst sehen, sie werden dich gleich finden!

Wenn so etwas passiert, dann haben deine Eltern ganz viel Angst um dich und sie werden dich ganz doll umarmen und dir viele Küsse geben, wenn sie dich wiedergefunden haben. Vielleicht schimpfen sie auch mit dir, aber was solls? Puh! Du hast sie gefunden!

Welch eine Aufregung!

Hast du schon einmal ein Feuerwerk gesehen? Es ist aufregend, so viele helle, kleine Lichter in so vielen Farben am Himmel zu sehen. Jeder hat seine Augen ganz weit geöffnet und jeder staunt. Und so ein Gesicht machen wir, wenn wir aufgeregt oder überrascht sind.

Zuerst macht uns der Krach ein bisschen Angst, aber die Lichter lassen uns alles um uns herum vergessen!

Etwas neidisch ...

Es ist schön, einen kleinen Bruder zu haben, aber manchmal hast du das Gefühl, dass sich deine Eltern mehr um ihn kümmern als um dich. Dann bist du ärgerlich und vielleicht auch etwas traurig und ... dann magst du deinen kleinen Bruder gar nicht gern. Hast du schon einmal daran gedacht, dass es ihm später einmal genau so gehen kann, wenn er größer ist?

Die Liebe deiner Eltern ist so groß, dass sie dich und alle deine Brüder und Schwestern lieben, selbst wenn du zweihundert Geschwister hättest. Für sie bist du einzigartig und sie lieben dich genau so wie du bist!

Ich bin so glücklich!

Es gibt Tage, an denen du viel Spaß hast. Du bist fröhlich und lachst die ganze Zeit. Und das ist wie auf dem Jahrmarkt, wenn du Karussell fahren kannst, so oft und so lange du willst.

Weißt du, was die Menschen machen, wenn sie glücklich sind? Sie lachen, singen, tanzen ... Wenn du fröhlich bist, geht alles viel leichter, selbst langweilige Dinge wie zum Beispiel das Spielzeug aufräumen...

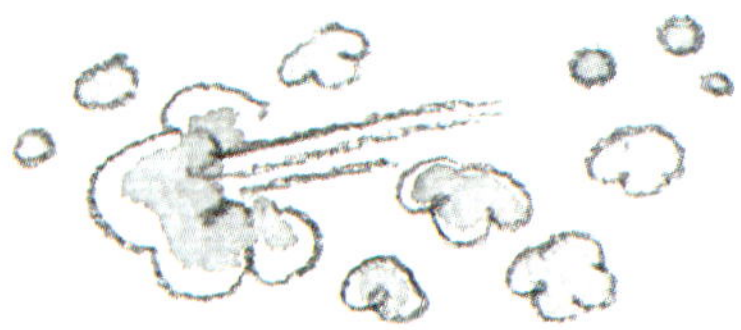

Was ist wichtig?

Du bist sauer, weil dein Freund dein schönes Bild ruiniert hat. Aber das ist ja noch nicht alles! Als er sieht, dass du dich ärgerst, macht er sich auch noch über dich lustig! Und das macht dich noch viel wütender! Aber lass den Ärger nicht Besitz von dir ergreifen. Du machst dann vielleicht Sachen, die dir später leid tun werden.

Wann immer du dich ganz doll ärgerst, mache am besten einen Spaziergang oder geh in dein Zimmer, um allein zu spielen oder ein Buch zu lesen. Am Ende ist ein Freund doch viel wichtiger als ein Bild, oder?

Ich schäme mich ...

Für was kannst du dich schämen? Vielleicht, weil du nicht Fahrrad fahren kannst oder wenn du in dein Bett pullerst, während du schläfst ... es gibt viele Gründe, warum sich ein Mensch schämen kann. Sich schämen ist sehr unangenehm, weil man dann keinen Spaß hat.

Die Erwachsenen, die du gern hast, können dir bestimmt erzählen, weswegen sie sich geschämt haben, als sie so alt waren wie du. Wer weiß, vielleicht kommt dir das eine oder andere sogar bekannt vor...

Probieren geht über Studieren

Es gibt Dinge, die du gar nicht gern magst: unfreundliche Menschen, Essen, das schrecklich schmeckt oder furchtbar riecht. Es gibt da wirklich einige Dinge, die du überhaupt nicht magst. Schon allein die Vorstellung daran macht dich krank.

Vielleicht musst du diese Dinge erst ein paar Mal probieren, bis du daran Gefallen findest. Und dann bist du überrascht, dass manche davon doch gar nicht so schlecht sind wie Du gedacht hast.
Gibst Du ihnen eine Chance?

Sei nicht traurig ...

Manchmal geschehen Dinge, die dich traurig machen. Und manchmal ist die Traurigkeit so groß, dass dir die Tränen über das Gesicht laufen. Kennst du den Geschmack von Tränen? Sie sind salzig. Aber Tränen sind sehr nützlich, denn sie vertreiben deine Traurigkeit.

Der beste Weg, um deine Traurigkeit loszuwerden, ist dich jemandem mitzuteilen, den du liebst. Eine warme Umarmung und Zärtlichkeiten können Wunder bewirken.

Kuschelzeit, schönste Zeit

Nach einem Bad, wenn du aus der Badewanne kletterst, wickelt dein Papa dich in ein großes, weiches Handtuch, nimmt dich in seine Arme und kitzelt dich die ganze Zeit. Nachdem du deinen Schlafanzug angezogen hast, erzählt er dir eine neue, spannende Geschichte. Das macht dich glücklich!

Im Leben gibt es viele glückliche Augenblicke. Du fühlst die Sonne in dir und das läßt alles um dich herum hell und warm erscheinen.
Das ist ein wundervolles Gefühl!

Ich bin für dich da

Du warst ängstlich, traurig, ärgerlich, glücklich ... Du hattest eine Menge Gefühle! Nun hast du eine Idee, wie du dich fühlen kannst, aber auch wie andere sich fühlen können. Vielleicht kannst du sogar einen Freund trösten, wenn er traurig ist.

Versuche, jemanden zu trösten und du wirst feststellen, dass du dich dabei sehr gut fühlst und dass du an dieser Sache wachsen kannst. Das ist es auch, was deine Eltern mit dir tun.

Mein Gefühl, dein Gefühl

Wir sind alle unterschiedlich und deshalb haben wir alle auch unterschiedliche Gefühle. Und selbst deine Stimmung kann sich je nach Gefühlslage ändern: wenn du ärgerlich bist, dann kann dich wirklich nichts zum Lachen bringen. Wenn du glücklich bist, dann kannst du über alle Dinge lachen. Aber stell dir vor, wie langweilig das ist, wenn immer alles gleich wäre.

Jedes Gefühl das du hast, hilft dir, die Welt
um dich herum zu verstehen.
Jeder Mensch hat Gefühle, vom Baby
bis zu den Großeltern. Gefühle
sind ein Teil des
menschlichen Lebens.

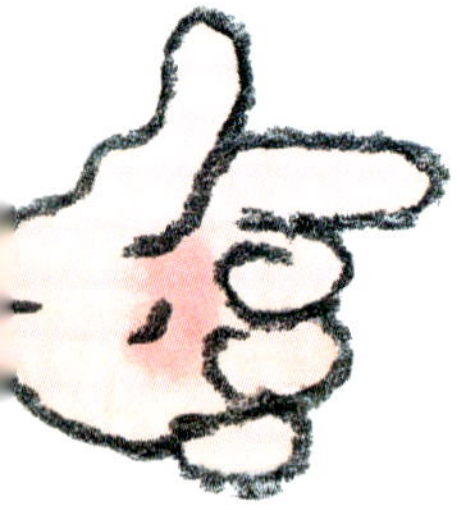

Aktivitäten

Was für eine Überraschung

Wenn du im Wald spazieren gehst, kannst du rote Beeren und leckere Nüsse finden, oder du kannst ein Eichhörnchen beobachten, wie es von Baum zu Baum springt. Die Welt ist voll von solchen Überraschungen und viele Menschen entdecken ihre Liebe zur Natur. Wie wäre es, etwas von der Natur zu Hause zu haben? Nimm eine Bohne, packe sie in feuchte Watte und lege das Ganze in ein Glas. Stell das Glas ans Fenster, wo ganz viel Licht ist (aber nicht in die direkte Sonne)... und warte. Das Einzige, was du machen musst, ist jeden Tag ein klein bisschen Wasser zugeben, damit die Watter feucht bleibt. Und ein paar Tage später ...Überraschung! Ein kleines Pflänzchen kommt hervor. Wenn die Blätter größer und grüner werden, dann setze die Pflanze in einen Blumentopf, der mit Erde gefüllt ist. So kann die Pflanze wachsen und gedeihen. Hast du so etwas schon einmal gemacht?

Wer ist wer?

Hast du schon einmal versucht, viele Leute in einem einzigen Raum zu verstecken? Einer der Spieler wartet draußen vor der Tür während sich die anderen Mitspieler im Raum gut verstecken. Wenn alle soweit sind, schaltet einer das Licht aus und der Spieler wird hereingerufen. Der Raum ist ganz dunkel, so dass der Spieler nichts sehen kann. Nun geht er im Raum umher, und versucht, die Anderen zu finden. Einen nach dem Anderen, und er muß erraten, wer es ist, indem er das Gesicht und die Haare abtastet. Und denke dran: Kitzeln ist nicht erlaubt!

Der Würfel der Gefühle

Bitte einen Erwachsenen, Dir einen großen Würfel wie diesen zu basteln. Du kannst beim Ausschneiden und Kleben helfen. Du brauchst nur Kartonpapier, eine Schere, Kleber und etwas Geduld. Nun schreibe die Namen von verschiedenen Gefühlen auf die Seiten des Würfels: Furcht, Ärger, Freude, Traurigkeit, Scham ... Du kannst so viele Würfel machen wie du willst und musst dir nur die Gefühle ausdenken, die du auf die Seiten schreiben willst. Nun bist du bereit, mit deiner Familie oder mit deinen Freunden zu spielen. Setzt euch in Kreisform nebeneinander und beginnt, der Reihe nach, zu würfeln. Und jeder Spieler muss dann beschreiben, in welcher Situation er das erwürfelte Gefühl schon einmal erlebt hat.

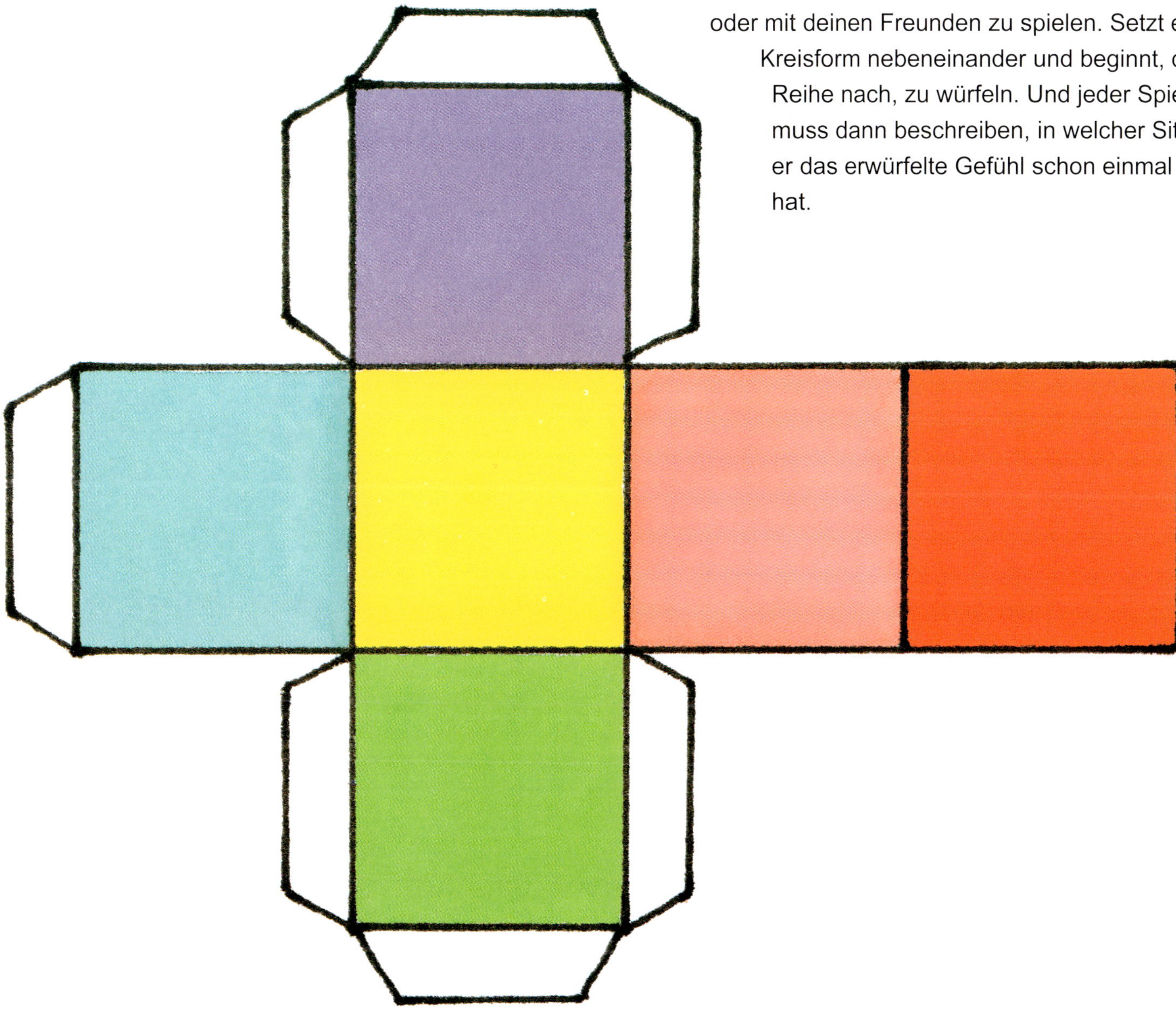

Veränderungsgeschichten

Hast du jemals probiert, eine Geschichte zu verändern? Bitte deine Eltern, dir vorzuspielen, dass sie einen Streit mit deinen Puppen hätten. Kannst du die Situation nun ändern? Du sollst nach einer Lösung suchen, damit sich deine Eltern und die Puppen nicht mehr streiten. Und danach bist du an der Reihe, dich mit deinen Puppen zu zanken und deine Eltern müssen eine Lösung finden. Du wirst überrascht sein, wie viele Möglichkeiten es gibt, einen Streit zu verhindern.

Ein gruseliges Märchen

Menschen und Dinge jagen uns auf verschiedenen Wegen Angst ein. Manche Dinge sind ganz schön furchterregend, andere weniger. Wir haben hier eine kleine Liste für dich zum Großkopieren auf einen Bogen Karton. Wenn du Hilfe brauchst, frage bitte einen Erwachsenen. Vor die Dinge, vor denen du dich nur ein bisschen fürchtest, malst du ein Gespenst. Und vor die Dinge, vor denen du dich ganz doll fürchtest, malst du 3 Gespenster. Du kannst diese Liste so lang machen, wie du gern möchtest.

Monster und Geister
Einige Tiere (Wölfe, Haie)
Autos
verkleidete Personen
Teufelchen
ein unbewohntes Haus
Wolken
Finsternis
Licht
Alleinsein
mit vielen Menschen sein
Außerirdische
die Sonne
Albträume
Zeichentrickfilme
laute Geräusche
Musik
Hinfallen
Verlaufen
Klettern

Nun suche dir die Dinge aus, welche du mit 3 Gespenstern bewertet hast und denke dir dazu eine Geschichte aus. Erzähle diese Geschichte deinen Eltern und sie wollen sogar, dass du sie noch einmal erzählst.

Ein Schauspieler sein

Mit Hilfe deiner Eltern kannst du einige Karten zeichnen, auf die du so viele Gesichter malst, wie du dir nur ausdenken kannst. Am besten ist, wenn du zwei oder drei Gesichter für jeden Gefühlszustand malst. Und wie wird gespielt? Vermische die Karten gut und gib jedem der Mitspieler eine Karte. Aber niemand darf die Karte des Anderen sehen. Nun geht es der Reihe nach und jeder Mitspieler drückt das Gefühl aus, welches auf der Karte zu sehen ist, während die Anderen dieses Gefühl erraten müssen. Der Gewinner ist, wer die meisten Gefühle erraten hat. Wenn du meinst, dass dieses Spiel etwas schwierig sein könnte, dann kannst du unter die Gesichter jeweils noch den Namen des Gefühles schreiben.

Anregungen für Eltern und Erzieher

Kennen sie ein Kind, welches noch niemals wütend oder böse war? Es gibt so viele Gründe, warum ein Kind böse werden kann, manchmal einfach aus Hilflosigkeit oder unter außergewöhnlichen Umständen. Es ist wichtig, dass sie ihr Kind genau erklären lassen was passiert ist, ohne es zu unterbrechen. Wenn es weiß, dass ihm zugehört wird und dass sie sich seiner Probleme annehmen, wird es von selbst darauf aufmerksam, dass Zuhören und sich aussprechen immer besser sind als böse zu werden. Manche Kinder, die sehr wütend sind, pflegen, sich in ihr Zimmer einzuschließen. In solch einem Fall sollten sie die Entscheidung ihres Kindes respektieren und warten, bis es sich beruhigt hat. Danach werden sie sicher in der Lage sein, mit dem Kind zu sprechen und herauszufinden, warum es so wütend war. Wenn das Kind nicht in der Lage ist, sich von selbst abzureagieren, suchen sie bitte nach einem geeigneten Weg, ihm zu helfen. Oftmals helfen körperliche Aktivitäten, den Stress abzubauen, wie zum Beispiel Ballspiele, Waldläufe oder Springen. In anderen Fällen ist es für das Kind besser, einfach still in einer ganz ruhigen Ecke zu sitzen. Nach und nach wird ihr Kind lernen, sich von selbst zu beruhigen, ehe es unbedachte Handlungen unternimmt... ganz nach ihrem Vorbild.

Der Würfel der Gefühle

Die genannte Aktivität mit Hilfe des Gefühls-Würfels hilft ihrem Kind, die Gefühle zu unterscheiden und sich mit den jeweiligen Namen der Gefühle vertraut zu machen. Wenn ihr Kind hört, wie sie über Gefühle sprechen, erweitert es seinen Wortschatz

und das erleichtert, über Gefühle und damit verbundene Erfahrungen zu sprechen. Es geht hier nicht um die Bezeichnung oder Bedeutung jedes einzelnen Gefühles, sondern mehr um die bewusste Praktizierung von Gefühlen im täglichen Leben.

Furcht
Es gibt viele Dinge, die einem Kind Angst oder Furcht einjagen können, aber selbst wenn sie das nicht verstehen können, sollten sie die Gefühle ihres Kindes respektieren. Auf keinen Fall sollten sie sagen: "Du brauchst keine Angst zu haben". Ohne Erklärung reicht das so nicht aus. Wie auch immer, Angstgefühle muss man gar nicht erst aufkommen lassen. Die können sie vermeiden, indem sie ihrem Kind keine Gruselfilme zeigen oder ihm Angst vor der Nacht machen. Wenn ihr Kind Angst vor dem Schwimmbecken hat und sie es trotzdem ins Wasser schicken, kann es eine dermaßen große Abneigung gegen Wasser entwickeln, dass es sein Leben lang alle Wassersportarten hassen wird. Seien sie geduldig und tolerant! Die meisten Fälle von Furcht verlieren sich mit der Zeit, dies können sie ihrem Kind gern mitteilen. Es werden Bücher angeboten, in denen man direkt mit dem Thema Furcht konfrontiert wird und die ihrem Kind weiterhelfen. So wie auch das von uns benannte Spiel "Wer ist wer?", in dem Kinder lernen, Dunkelheit als spannend, aber nicht als furchterregend anzusehen.

Ein gruseliges Märchen
Vielleicht erweitern sie ganz einfach die beschriebene Liste entsprechend den Bedürfnissen ihres Kindes und machen ein Spiel daraus. Drängen sie ihr Kind nicht, falls es mit diesem Spiel nicht weiterspielen will oder wenn es gar einige dieser Dinge nicht auf der Liste haben will. Die ganze Idee dabei ist das Spielen mit den verschiedenen Arten von Angst und Furcht; den Kindern diese Gefühle nahe zu bringen und sie einfach verständlich zu machen, selbst wenn die Angstgefühle nicht sofort nach dem Spiel verschwinden.

Ein Schauspieler sein
Mit Hilfe dieses Kartenspiels können Kinder lernen, die verschiedenen Gefühle zu unterscheiden, aber auch die damit verbundenen Bewegungen, Geräusche, Gesichtsausdrücke und andere, stille Kommunikationen, welche diese Gefühle übermitteln. Ein weiteres lustiges Spiel ist - andere, bekannte Menschen nachzuahmen, nur ohne Kostüm: Menschen, die immer schlechte Laune haben, oder Menschen, die immer fröhlich sind ... Bei dieser Art von Spiel können die Kinder sehr viel über Gefühle lernen, selbst wenn sie diese noch nicht immer ganz korrekt zuordnen können. Während dieser Spiele können sie lernen, ihre Gefühle auch verbal besser auszudrücken.

Veränderungsgeschichten
Streitigkeiten sind im Allgemeinen nicht schlecht, aber viele Streits können durch ein friedvolles und freies Denken vermieden werden. Dieses Spiel wurde entwickelt, damit ihr Kind selbst nach einer friedlichen Lösung für einen Streit sucht. Die Verwendung von Puppen macht es für ihr Kind etwas einfacher, da hierbei keine direkten persönlichen Gefühle mit im Spiel sind. Wann immer ihr Kind nach Streit sucht, erinnern sie es an dieses Spiel und bitten sie es, nach Wegen zu suchen, einen Streit zu beenden oder besser, zu vermeiden. Wenn ihm dazu keine Wege einfallen, dann erlauben sie ihm, einige von ihren Lösungen zu benutzen, bis es seine eigenen Ansätze herausgefunden hat. Geben sie ihrem Kind ein Beispiel, wo es selbst herausfinden kann, ob seine Lösungsvorschläge so funktionieren können.

Der dazugehörige Text erzählt von dem Gefühl der Entschuldigung. Im frühen Alter ist es den Kindern noch nicht bewußt, welche Auswirkungen ein Streit haben kann, aber sie wissen bereits, dass etwas kaputt gehen kann, wie zum Beispiel das Lieblingsspielzeug. Das Kind wünscht sich dann, dass es das Spielzeug nicht kaputt gemacht hätte: und das meint dann das Gefühl der Entschuldigung oder des "leid tuns".

Und letztendlich...
Fantasiegeschichten, Imitationsspiele, Schauspiele ...
Für Kinder gibt es viele Wege, die Welt kennenzulernen, aber nicht nur Wege, welche die Dinge beschreiben, sondern auch Hilfsmittel, wie man verschiedenen Dingen begegnen kann. Und was besitzen Eltern? Die Fähigkeit zuzuhören, zu verstehen, zu beobachten, zu tolerieren ... und ungeheuer viel Geduld. Sie sollten ihr Kind nicht über die Maßen beschützen, denn dann wird es nie lernen, mit Gefahrensituationen umzugehen, aber sie sollten bei ihm sein, wenn es solch eine Erfahrung macht.
Schmerz, Furcht und Traurigkeit sind unvermeidbare Gefühle, aber genau so sind das auch Freude, Spaß und Liebe. Ihr Kind hat seinen ganz persönlichen Charakter, und je mehr sie auf seine Gefühle achten und ihm helfen, seinen eigenen Weg zu finden, desto besser wird es in der Welt zurecht kommen und seinen eigenen Lebensweg finden.

Originalausgabe in Spanien:
El sentiments: De la tristesa a la felicitat

Text: Núria Roca
Illustrationen: Rosa Maria Curto

Ins Deutsche übersetzt von :
Alexander Suber und Beatrice Böhme

beleduc Lernspielwaren GmbH
Heinrich-Heine-Weg 2
D-09526 Olbernhau
www.beleduc.de

Internationale Standard Buch Nummer:
3-9809012-2-X

Kongress Katalog Karten Nummer:
00-111893

Gedruckt in Spanien
9 8 7 6 5 4 3 2 1

Weitere Titel in dieser Serie

- **ÄNGSTLICH,** von Furcht zu Tapferke
- **DEIN KÖRPER** , von Kopf bis Fu
- **DEINE FAMILIE** , vom Jüngsten bis zum Älteste
- **FREUNDSCHAFT** , von alten Freunden hin zu neuen Freunde
- **KINDER AUS DER GANZEN WELT** , von einem Ende bis zum andere